50 Recetas de Quesos Premium

Por: Kelly Johnson

Table of Contents

- Tabla de quesos franceses con uvas y nueces
- Risotto de queso Parmesano y trufa
- Ensalada Caprese con mozzarella de búfala
- Fondue de queso Gruyère y Emmental
- Croquetas de queso Manchego
- Queso Brie al horno con miel y almendras
- Pizza con queso Gorgonzola y pera
- Quesadillas de queso Oaxaca y chorizo
- Sándwich de queso Camembert y jamón serrano
- Tarta de queso Stilton y cebolla caramelizada
- Macarrones con queso Cheddar envejecido
- Ensalada de espinacas con queso de cabra
- Pan de ajo con queso Provolone
- Queso feta marinado con hierbas y aceite de oliva
- Crostini con queso Ricotta y tomates secos
- Hamburguesa con queso azul y cebolla caramelizada
- Omelette de queso Emmental y champiñones

- Empanadas de queso Cotija y jalapeños
- Pasta al horno con queso Taleggio
- Bruschetta con queso Mascarpone y frutas frescas
- Galletas saladas con queso Parmesano
- Ensalada griega con queso Feta tradicional
- Calzone relleno de mozzarella y ricotta
- Rollitos de jamón y queso Gouda
- Croissants rellenos de queso Havarti
- Queso fresco con miel y nueces
- Tartaletas de queso Roquefort y pera
- Panini con queso Provolone y tomate seco
- Gnocchi con salsa de queso Fontina
- Tostadas con queso Burrata y rúcula
- Ensalada de quinoa con queso feta y pepino
- Queso Taleggio fundido con champiñones
- Sandwich de pavo con queso Suizo
- Pizza blanca con queso Stracchino y espinacas
- Crepes rellenos de queso Ricotta y espinacas
- Croquetas de queso Cheddar y tocino

- Pasta con salsa de queso Gorgonzola y nueces
- Ensalada de remolacha con queso de cabra
- Bruschetta con queso Asiago y tomate
- Bocadillo de jamón ibérico con queso Manchego
- Tarta salada de queso Gruyère y cebolla
- Risotto con queso Parmigiano-Reggiano y limón
- Frittata con queso Fontina y calabacín
- Pan plano con queso Halloumi a la parrilla
- Raviolis rellenos de queso Ricotta y espinacas
- Sandwich de roast beef con queso Provolone
- Pizza con queso Burrata y jamón crujiente
- Ensalada de pera con queso Roquefort y nueces
- Tostadas con queso Chevre y miel
- Dip caliente de queso Velveeta con jalapeños

Tabla de quesos franceses con uvas y nueces

Ingredientes:

- Variedad de quesos franceses (Brie, Camembert, Roquefort, Comté, etc.)
- Uvas frescas
- Nueces (nueces de nogal, almendras o avellanas)
- Pan o crackers

Preparación:

1. Coloca los quesos en una tabla o plato grande.
2. Añade racimos de uvas y nueces alrededor.
3. Sirve acompañado de pan o crackers.
4. Ideal para picar y acompañar con vino.

Risotto de queso Parmesano y trufa

Ingredientes:

- 1 taza de arroz arborio
- 4 tazas de caldo de pollo o vegetal caliente
- 1/2 taza de vino blanco
- 1 cebolla picada
- 2 cucharadas de mantequilla
- 1 taza de queso parmesano rallado
- Aceite de trufa o trufa rallada (opcional)
- Sal y pimienta

Preparación:

1. Sofríe la cebolla en mantequilla hasta que esté transparente.
2. Agrega el arroz y mezcla bien.
3. Añade el vino blanco y cocina hasta que se evapore.
4. Agrega poco a poco el caldo caliente, revolviendo hasta que el arroz esté cremoso y al dente.
5. Retira del fuego, añade el queso parmesano y el aceite o trufa rallada.
6. Mezcla bien y sirve caliente.

Ensalada Caprese con mozzarella de búfala

Ingredientes:

- Tomates en rodajas
- Mozzarella de búfala en rodajas
- Hojas de albahaca fresca
- Aceite de oliva virgen extra
- Sal y pimienta
- Vinagre balsámico (opcional)

Preparación:

1. Alterna rodajas de tomate y mozzarella en un plato.
2. Añade hojas de albahaca.
3. Aliña con aceite de oliva, sal, pimienta y vinagre balsámico.
4. Sirve fresca.

Fondue de queso Gruyère y Emmental

Ingredientes:

- 200 g de queso Gruyère rallado
- 200 g de queso Emmental rallado
- 1 diente de ajo
- 1 taza de vino blanco seco
- 1 cucharadita de jugo de limón
- 1 cucharada de maicena
- Pan en cubos para acompañar

Preparación:

1. Frota el interior de la olla para fondue con el diente de ajo.
2. Calienta el vino con el jugo de limón sin que hierva.
3. Añade los quesos poco a poco, revolviendo hasta que se derritan.
4. Disuelve la maicena en un poco de vino y agrégala para espesar.
5. Sirve con pan en cubos para mojar.

Croquetas de queso Manchego

Ingredientes:

- 150 g de queso Manchego rallado
- 2 cucharadas de harina
- 1 taza de leche
- 1 huevo
- Pan rallado
- Aceite para freír

Preparación:

1. Calienta la leche y añade la harina para hacer una bechamel espesa.
2. Cuando esté lista, añade el queso Manchego rallado y mezcla bien.
3. Deja enfriar y forma croquetas con la mezcla.
4. Pasa cada croqueta por huevo batido y pan rallado.
5. Fríe en aceite caliente hasta dorar.
6. Escurre en papel absorbente y sirve.

Queso Brie al horno con miel y almendras

Ingredientes:

- 1 queso Brie entero
- Miel
- Almendras laminadas

Preparación:

1. Precalienta el horno a 180°C.
2. Coloca el queso Brie en un recipiente apto para horno.
3. Cubre con miel y almendras laminadas.
4. Hornea durante 10-15 minutos hasta que el queso esté suave y fundido.
5. Sirve con pan o crackers.

Pizza con queso Gorgonzola y pera

Ingredientes:

- Masa para pizza
- Queso Gorgonzola
- Pera en rodajas finas
- Mozzarella rallada
- Nueces (opcional)
- Aceite de oliva

Preparación:

1. Extiende la masa para pizza.
2. Añade mozzarella, rodajas de pera y trozos de queso Gorgonzola.
3. Agrega nueces si deseas.
4. Hornea a 220°C por 12-15 minutos o hasta que la masa esté dorada.
5. Sirve caliente.

Quesadillas de queso Oaxaca y chorizo

Ingredientes:

- Tortillas de harina o maíz
- Queso Oaxaca rallado o deshebrado
- Chorizo cocido y desmenuzado

Preparación:

1. Cocina el chorizo en sartén hasta que esté bien hecho.
2. Coloca el queso y el chorizo sobre una tortilla, cubre con otra tortilla.
3. Cocina en sartén o comal hasta que el queso se derrita y la tortilla esté dorada.
4. Corta y sirve caliente.

Sándwich de queso Camembert y jamón serrano

Ingredientes:

- Pan rústico o baguette
- Queso Camembert
- Jamón serrano en lonchas
- Mantequilla

Preparación:

1. Tuesta ligeramente el pan con mantequilla.
2. Coloca lonchas de queso Camembert y jamón serrano.
3. Cierra el sándwich y caliéntalo hasta que el queso se derrita.
4. Sirve caliente.

Tarta de queso Stilton y cebolla caramelizada

Ingredientes:

- Masa quebrada para base de tarta
- 200 g de queso Stilton desmenuzado
- 2 cebollas grandes
- 2 cucharadas de mantequilla
- 1 cucharada de azúcar
- 3 huevos
- 200 ml de nata para cocinar
- Sal y pimienta

Preparación:

1. Precalienta el horno a 180 °C.
2. En una sartén, derrite la mantequilla y añade las cebollas en juliana. Cocina a fuego lento hasta que estén doradas y añade el azúcar para caramelizarlas. Reserva.
3. Coloca la masa en un molde para tarta y pincha la base con un tenedor. Prehornea 10 minutos.
4. En un bol, bate los huevos con la nata, sal y pimienta. Añade el queso Stilton y mezcla.
5. Vierte la mezcla sobre la base y reparte las cebollas caramelizadas encima.
6. Hornea 30-35 minutos hasta que esté cuajada y dorada.

7. Deja enfriar un poco antes de servir.

Macarrones con queso Cheddar envejecido

Ingredientes:

- 250 g de macarrones
- 200 g de queso Cheddar envejecido rallado
- 50 g de mantequilla
- 2 cucharadas de harina
- 500 ml de leche
- Sal y pimienta
- Pan rallado para gratinar (opcional)

Preparación:

1. Cocina los macarrones según las instrucciones y escurre.
2. Derrite la mantequilla en una cacerola, añade la harina y cocina un minuto.
3. Vierte la leche poco a poco sin dejar de remover para hacer una salsa bechamel.
4. Agrega el queso Cheddar, mezcla hasta fundir y sazona.
5. Mezcla la salsa con los macarrones, coloca en una fuente para horno y, si quieres, espolvorea pan rallado por encima.
6. Gratina a 200 °C hasta que esté dorado.

Ensalada de espinacas con queso de cabra

Ingredientes:

- Espinacas frescas
- Queso de cabra en trozos
- Nueces
- Tomates cherry
- Aceite de oliva
- Vinagre balsámico
- Sal y pimienta

Preparación:

1. Lava las espinacas y colócalas en una ensaladera.
2. Añade los tomates cherry cortados por la mitad y las nueces.
3. Coloca el queso de cabra por encima.
4. Aliña con aceite de oliva, vinagre balsámico, sal y pimienta al gusto.

Pan de ajo con queso Provolone

Ingredientes:

- Barra de pan (baguette o similar)
- 3 dientes de ajo
- 100 g de queso Provolone rallado
- Mantequilla
- Perejil picado

Preparación:

1. Precalienta el horno a 180 °C.
2. Corta el pan en rebanadas gruesas sin llegar a cortar del todo la base.
3. Mezcla la mantequilla con ajo picado y perejil. Unta esta mezcla entre las rebanadas.
4. Introduce el queso Provolone entre las rebanadas.
5. Envuelve en papel aluminio y hornea 15 minutos.
6. Sirve caliente.

Queso feta marinado con hierbas y aceite de oliva

Ingredientes:

- 200 g de queso feta en bloque
- Aceite de oliva virgen extra
- Hierbas frescas (tomillo, romero, orégano)
- Ajo en láminas
- Pimienta negra

Preparación:

1. Coloca el queso feta en un recipiente pequeño.
2. Añade las hierbas frescas y el ajo.
3. Cubre con aceite de oliva y deja marinar al menos 4 horas en el refrigerador.
4. Sirve con pan o ensaladas.

Crostini con queso Ricotta y tomates secos

Ingredientes:

- Rebanadas de pan baguette
- Queso Ricotta
- Tomates secos en aceite
- Albahaca fresca
- Aceite de oliva

Preparación:

1. Tuesta ligeramente las rebanadas de pan.
2. Unta queso Ricotta sobre el pan.
3. Coloca tomates secos picados encima.
4. Añade albahaca fresca y un chorrito de aceite de oliva.

Hamburguesa con queso azul y cebolla caramelizada

Ingredientes:

- Pan para hamburguesa
- Carne molida para hamburguesa
- Queso azul
- Cebolla caramelizada (preparada con mantequilla y azúcar)
- Lechuga y tomate (opcional)

Preparación:

1. Forma las hamburguesas y cocínalas a tu gusto.
2. Coloca queso azul sobre la carne caliente para que se derrita un poco.
3. Arma la hamburguesa con pan, lechuga, tomate y cebolla caramelizada.

Omelette de queso Emmental y champiñones

Ingredientes:

- 3 huevos
- 50 g de queso Emmental rallado
- Champiñones laminados
- Mantequilla
- Sal y pimienta

Preparación:

1. Saltea los champiñones en mantequilla hasta que estén dorados. Reserva.
2. Bate los huevos con sal y pimienta.
3. Vierte los huevos en una sartén con un poco de mantequilla.
4. Cuando estén semi cuajados, añade queso Emmental y los champiñones.
5. Dobla el omelette y cocina un minuto más.

Empanadas de queso Cotija y jalapeños

Ingredientes:

- Masa para empanadas
- Queso Cotija rallado
- Jalapeños picados (cantidad al gusto)
- Aceite para freír

Preparación:

1. Mezcla el queso Cotija con los jalapeños.
2. Rellena las empanadas con esta mezcla y cierra bien los bordes.
3. Fríe en aceite caliente hasta que estén doradas.
4. Escurre y sirve calientes.

Pasta al horno con queso Taleggio

Ingredientes:

- 300 g de pasta corta (penne, rigatoni)
- 150 g de queso Taleggio en trozos
- 200 ml de nata para cocinar
- 1 cebolla pequeña picada
- 2 dientes de ajo picados
- Aceite de oliva
- Sal y pimienta
- Queso parmesano rallado para gratinar

Preparación:

1. Cocina la pasta al dente en agua con sal y escurre.
2. En una sartén con aceite, sofríe la cebolla y el ajo hasta dorar.
3. Añade la nata y el queso Taleggio, mezcla hasta que el queso se derrita formando una salsa cremosa.
4. Mezcla la pasta con la salsa y coloca todo en una fuente para horno.
5. Espolvorea con queso parmesano rallado y gratina a 200 °C hasta que esté dorado.

Bruschetta con queso Mascarpone y frutas frescas

Ingredientes:

- Rebanadas de pan tipo baguette tostado
- Queso Mascarpone
- Frutas frescas (fresas, kiwi, arándanos) cortadas en trozos
- Miel para decorar
- Hojas de menta (opcional)

Preparación:

1. Unta generosamente el queso Mascarpone sobre las rebanadas de pan tostado.
2. Coloca las frutas frescas encima.
3. Rocía con un poco de miel y decora con hojas de menta.

Galletas saladas con queso Parmesano

Ingredientes:

- 150 g de harina
- 100 g de queso Parmesano rallado
- 100 g de mantequilla fría en cubos
- 1 huevo
- Sal y pimienta

Preparación:

1. Mezcla la harina con el queso parmesano y una pizca de sal y pimienta.
2. Agrega la mantequilla y mezcla hasta formar una textura arenosa.
3. Añade el huevo y mezcla hasta formar una masa.
4. Extiende la masa y corta en formas deseadas.
5. Hornea a 180 °C por 12-15 minutos o hasta que estén doradas.

Ensalada griega con queso Feta tradicional

Ingredientes:

- Tomates en trozos
- Pepino en rodajas
- Cebolla roja en juliana
- Aceitunas negras
- Pimiento verde en tiras
- Queso Feta en cubos
- Aceite de oliva
- Orégano seco
- Sal y pimienta

Preparación:

1. Mezcla todos los vegetales en una ensaladera.
2. Añade el queso Feta y aceitunas.
3. Aliña con aceite de oliva, orégano, sal y pimienta.

Calzone relleno de mozzarella y ricotta

Ingredientes:

- Masa para pizza
- 150 g de queso mozzarella rallado
- 100 g de queso ricotta
- Salsa de tomate (opcional)
- Orégano seco

Preparación:

1. Extiende la masa y coloca el queso mozzarella y ricotta en una mitad.
2. Añade un poco de salsa de tomate si deseas.
3. Espolvorea orégano.
4. Cierra la masa formando una media luna y sella los bordes.
5. Hornea a 200 °C durante 15-20 minutos hasta que esté dorado.

Rollitos de jamón y queso Gouda

Ingredientes:

- Lonchas de jamón cocido
- Lonchas de queso Gouda
- Mostaza o mayonesa (opcional)

Preparación:

1. Coloca una loncha de queso sobre una loncha de jamón.
2. Añade un poco de mostaza o mayonesa si deseas.
3. Enrolla bien y sirve frío o caliente.

Croissants rellenos de queso Havarti

Ingredientes:

- Masa de croissant (lista para hornear)
- Queso Havarti en lonchas

Preparación:

1. Extiende la masa de croissant y coloca una loncha de queso Havarti en cada porción.
2. Enrolla formando los croissants.
3. Hornea según las instrucciones del paquete hasta que estén dorados y el queso fundido.

Queso fresco con miel y nueces

Ingredientes:

- Queso fresco en trozos
- Miel
- Nueces picadas

Preparación:

1. Coloca los trozos de queso fresco en un plato.
2. Rocía con miel y espolvorea nueces picadas.

Tartaletas de queso Roquefort y pera

Ingredientes:

- Masa para tartaletas
- Queso Roquefort desmenuzado
- Peras en rodajas finas
- Nueces (opcional)
- Miel

Preparación:

1. Coloca la masa en moldes para tartaletas y prehornea a 180 °C por 10 minutos.
2. Rellena con queso Roquefort y coloca las rodajas de pera encima.
3. Añade nueces si quieres.
4. Hornea otros 10-15 minutos.
5. Sirve con un chorrito de miel.

Panini con queso Provolone y tomate seco

Ingredientes:

- Pan para panini o ciabatta
- Queso Provolone en lonchas
- Tomates secos hidratados
- Aceite de oliva
- Hojas de albahaca fresca (opcional)

Preparación:

1. Abre el pan y coloca una buena cantidad de queso Provolone.
2. Añade los tomates secos y unas hojas de albahaca si quieres.
3. Rocía con un poco de aceite de oliva.
4. Calienta en una sandwichera o prensa para panini hasta que el queso se derrita y el pan esté dorado.

Gnocchi con salsa de queso Fontina

Ingredientes:

- 500 g de gnocchi
- 150 g de queso Fontina rallado
- 200 ml de nata para cocinar
- 1 diente de ajo picado
- Sal y pimienta
- Perejil picado para decorar

Preparación:

1. Cocina los gnocchi en agua hirviendo hasta que suban a la superficie. Escurre.
2. En una sartén, sofríe el ajo en un poco de mantequilla o aceite.
3. Añade la nata y el queso Fontina, mezcla hasta formar una salsa cremosa.
4. Incorpora los gnocchi y mezcla bien.
5. Salpimienta al gusto y decora con perejil picado antes de servir.

Tostadas con queso Burrata y rúcula

Ingredientes:

- Rebanadas de pan rústico tostado
- Queso Burrata
- Rúcula fresca
- Aceite de oliva
- Sal y pimienta
- Reducción de balsámico (opcional)

Preparación:

1. Coloca la Burrata sobre las tostadas.
2. Añade un puñado de rúcula fresca.
3. Rocía con aceite de oliva, salpimienta al gusto y termina con un chorrito de reducción de balsámico si deseas.

Ensalada de quinoa con queso feta y pepino

Ingredientes:

- 1 taza de quinoa cocida y fría
- Queso feta en cubos
- Pepino picado
- Tomates cherry cortados
- Aceitunas negras (opcional)
- Aceite de oliva
- Jugo de limón
- Sal y pimienta

Preparación:

1. Mezcla la quinoa con el pepino, tomates, aceitunas y queso feta.
2. Aliña con aceite de oliva, jugo de limón, sal y pimienta.
3. Mezcla bien y sirve fresca.

Queso Taleggio fundido con champiñones

Ingredientes:

- 200 g de queso Taleggio
- 250 g de champiñones frescos laminados
- 1 diente de ajo picado
- Mantequilla o aceite de oliva
- Perejil picado

Preparación:

1. En una sartén, saltea el ajo y los champiñones en mantequilla o aceite hasta que estén tiernos.
2. Coloca el queso Taleggio en una cazuela para horno y agrega los champiñones por encima.
3. Gratina a 180 °C hasta que el queso se funda y burbujee.
4. Decora con perejil picado y sirve caliente con pan.

Sándwich de pavo con queso Suizo

Ingredientes:

- Pan integral o de tu preferencia
- Pechuga de pavo en lonchas
- Queso Suizo en lonchas
- Lechuga, tomate y mostaza (opcional)

Preparación:

1. Coloca las lonchas de pavo y queso Suizo sobre el pan.
2. Añade lechuga, tomate y mostaza si quieres.
3. Cierra el sándwich y caliéntalo en una sandwichera o sartén hasta que el queso se derrita.

Pizza blanca con queso Stracchino y espinacas

Ingredientes:

- Masa para pizza
- 150 g de queso Stracchino
- Espinacas frescas lavadas
- Ajo picado
- Aceite de oliva
- Sal y pimienta

Preparación:

1. Extiende la masa de pizza.
2. Saltea las espinacas con ajo, aceite, sal y pimienta hasta que estén tiernas.
3. Coloca las espinacas sobre la masa y reparte el queso Stracchino por encima.
4. Hornea a 220 °C durante 12-15 minutos o hasta que esté dorada y el queso fundido.

Crepes rellenos de queso Ricotta y espinacas

Ingredientes:

- Crepes preparados
- 200 g de queso Ricotta
- 150 g de espinacas frescas salteadas
- Sal, pimienta y nuez moscada

Preparación:

1. Mezcla el queso Ricotta con las espinacas salteadas y condimenta con sal, pimienta y nuez moscada.
2. Rellena los crepes con esta mezcla y dóblalos o enróllalos.
3. Calienta en sartén o al horno para que el relleno esté tibio antes de servir.

Croquetas de queso Cheddar y tocino

Ingredientes:

- 150 g de queso Cheddar rallado
- 100 g de tocino picado y frito
- 2 cucharadas de harina
- 1 taza de leche
- 1 huevo
- Pan rallado
- Aceite para freír

Preparación:

1. Haz una bechamel: derrite mantequilla, añade harina y cocina un minuto. Añade leche poco a poco sin dejar de remover hasta espesar.
2. Retira del fuego y mezcla con el queso Cheddar y el tocino. Deja enfriar.
3. Forma croquetas, pásalas por huevo batido y pan rallado.
4. Fríelas en aceite caliente hasta dorar.

Pasta con salsa de queso Gorgonzola y nueces

Ingredientes:

- 400 g de pasta (penne, fusilli o la que prefieras)
- 150 g de queso Gorgonzola
- 100 ml de nata para cocinar
- 50 g de nueces picadas
- Sal y pimienta
- Perejil picado (opcional)

Preparación:

1. Cocina la pasta en agua con sal hasta que esté al dente. Escurre.
2. En una sartén, calienta la nata y añade el queso Gorgonzola hasta que se derrita y forme una salsa cremosa.
3. Añade las nueces picadas y mezcla bien.
4. Incorpora la pasta a la salsa, mezcla y ajusta de sal y pimienta.
5. Sirve caliente, espolvoreado con perejil si quieres.

Ensalada de remolacha con queso de cabra

Ingredientes:

- 3 remolachas cocidas y cortadas en cubos
- 100 g de queso de cabra desmenuzado
- Mezcla de hojas verdes (rúcula, espinaca, lechuga)
- Nueces tostadas
- Aceite de oliva
- Vinagre balsámico
- Sal y pimienta

Preparación:

1. En un bol, mezcla las hojas verdes con la remolacha y el queso de cabra.
2. Añade las nueces tostadas.
3. Aliña con aceite de oliva, vinagre balsámico, sal y pimienta. Mezcla bien y sirve.

Bruschetta con queso Asiago y tomate

Ingredientes:

- Rebanadas de pan rústico tostado
- Queso Asiago rallado o en lonchas finas
- Tomates maduros cortados en cubos
- Ajo picado
- Aceite de oliva
- Albahaca fresca
- Sal y pimienta

Preparación:

1. Mezcla los tomates con ajo, albahaca, aceite de oliva, sal y pimienta.
2. Coloca el queso Asiago sobre las tostadas y añade la mezcla de tomate encima.
3. Sirve inmediatamente.

Bocadillo de jamón ibérico con queso Manchego

Ingredientes:

- Pan baguette o barra
- Jamón ibérico en lonchas
- Queso Manchego en lonchas
- Tomate rallado (opcional)
- Aceite de oliva

Preparación:

1. Corta el pan y rocía con un poco de aceite de oliva.
2. Coloca jamón ibérico y queso Manchego en el interior.
3. Añade tomate rallado si deseas y cierra el bocadillo.

Tarta salada de queso Gruyère y cebolla

Ingredientes:

- Masa quebrada o de hojaldre
- 3 cebollas grandes cortadas en juliana
- 200 g de queso Gruyère rallado
- 3 huevos
- 200 ml de nata para cocinar
- Sal, pimienta y nuez moscada

Preparación:

1. Sofríe las cebollas hasta que estén caramelizadas.
2. En un bol, bate los huevos con la nata, sal, pimienta y nuez moscada.
3. Extiende la masa en un molde, reparte las cebollas y el queso Gruyère.
4. Vierte la mezcla de huevos y nata.
5. Hornea a 180 °C por 30-35 minutos hasta que esté dorada y cuajada.

Risotto con queso Parmigiano-Reggiano y limón

Ingredientes:

- 300 g de arroz para risotto (Arborio o Carnaroli)
- 1 cebolla pequeña picada
- 1 litro de caldo de verduras o pollo caliente
- 150 g de queso Parmigiano-Reggiano rallado
- Ralladura de 1 limón
- 100 ml de vino blanco
- 2 cucharadas de mantequilla
- Aceite de oliva
- Sal y pimienta

Preparación:

1. Sofríe la cebolla en aceite hasta transparente. Añade el arroz y tuesta un minuto.
2. Vierte el vino blanco y deja evaporar.
3. Añade el caldo caliente poco a poco, removiendo, hasta que el arroz esté al dente.
4. Retira del fuego y mezcla con la mantequilla, el queso rallado y la ralladura de limón. Ajusta sal y pimienta.

Frittata con queso Fontina y calabacín

Ingredientes:

- 6 huevos
- 150 g de queso Fontina rallado o en cubos
- 1 calabacín mediano cortado en rodajas finas
- 1 cebolla pequeña picada
- Aceite de oliva
- Sal y pimienta

Preparación:

1. En una sartén grande, sofríe la cebolla y el calabacín hasta que estén tiernos.
2. Bate los huevos, añade el queso Fontina, sal y pimienta.
3. Vierte la mezcla en la sartén con las verduras. Cocina a fuego medio-bajo hasta que cuaje la base.
4. Termina la cocción en el horno o tapa la sartén para que se cocine arriba también.

Pan plano con queso Halloumi a la parrilla

Ingredientes:

- Pan plano (tipo pita o naan)
- 200 g de queso Halloumi en lonchas
- Aceite de oliva
- Hierbas frescas (menta o perejil)
- Limón para servir

Preparación:

1. Calienta la parrilla o sartén y cocina el queso Halloumi hasta que esté dorado por ambos lados.
2. Calienta el pan plano.
3. Sirve el queso sobre el pan, rocía con aceite de oliva y decora con hierbas frescas y un poco de limón exprimido.

Raviolis rellenos de queso Ricotta y espinacas

Ingredientes:

- Masa para raviolis (o pasta fresca)
- 250 g de queso ricotta
- 200 g de espinacas frescas
- 1 diente de ajo
- Sal, pimienta y nuez moscada
- Salsa de tomate o mantequilla y salvia para acompañar

Preparación:

1. Saltea las espinacas con ajo hasta que se marchiten, deja enfriar y mezcla con el queso ricotta.
2. Añade sal, pimienta y una pizca de nuez moscada.
3. Rellena los raviolis con esta mezcla y cierra bien la masa.
4. Cocina en agua hirviendo con sal hasta que floten (unos 3-4 minutos).
5. Sirve con salsa de tomate o mantequilla derretida con salvia.

Sándwich de roast beef con queso Provolone

Ingredientes:

- Pan para sándwich (baguette o ciabatta)
- 150 g de roast beef en lonchas
- Queso Provolone en lonchas
- Lechuga, tomate y cebolla (opcional)
- Mostaza y mayonesa

Preparación:

1. Tuesta el pan ligeramente.
2. Unta mayonesa y mostaza al gusto.
3. Coloca las lonchas de roast beef y el queso Provolone.
4. Añade lechuga, tomate y cebolla si deseas.
5. Cierra el sándwich y sirve.

Pizza con queso Burrata y jamón crujiente

Ingredientes:

- Masa para pizza
- 200 g de queso burrata
- 100 g de jamón serrano o ibérico
- Salsa de tomate para pizza
- Hojas de albahaca fresca
- Aceite de oliva

Preparación:

1. Extiende la masa y cubre con salsa de tomate.
2. Hornea la base hasta que esté casi lista (unos 10-12 minutos a 220 °C).
3. Añade la burrata en trozos y el jamón crujiente (puedes freírlo antes para que esté crujiente).
4. Hornea 3-5 minutos más.
5. Decora con hojas de albahaca y un chorrito de aceite de oliva antes de servir.

Ensalada de pera con queso Roquefort y nueces

Ingredientes:

- 2 peras maduras pero firmes, cortadas en rodajas
- 100 g de queso Roquefort desmenuzado
- Nueces tostadas
- Mezcla de hojas verdes
- Aceite de oliva
- Vinagre balsámico
- Sal y pimienta

Preparación:

1. En un bol, mezcla las hojas verdes con las peras y las nueces.
2. Añade el queso Roquefort.
3. Aliña con aceite, vinagre, sal y pimienta al gusto.
4. Mezcla suavemente y sirve.

Tostadas con queso Chèvre y miel

Ingredientes:

- Rebanadas de pan tostado
- Queso de cabra (Chèvre) en rodajas o desmenuzado
- Miel para rociar
- Nueces o almendras (opcional)

Preparación:

1. Unta o coloca el queso Chèvre sobre las tostadas calientes.
2. Rocía con miel por encima.
3. Añade nueces o almendras si quieres un toque crujiente.
4. Sirve inmediatamente.

Dip caliente de queso Velveeta con jalapeños

Ingredientes:

- 200 g de queso Velveeta o queso procesado fundente
- 1 lata pequeña de jalapeños en rodajas (ajusta al gusto)
- 100 ml de leche
- 1 tomate picado (opcional)
- 1/2 cebolla picada (opcional)

Preparación:

1. En una cacerola a fuego medio, derrite el queso Velveeta con la leche, removiendo para evitar que se pegue.
2. Añade los jalapeños y mezcla bien.
3. Incorpora tomate y cebolla si usas.
4. Cocina hasta obtener una mezcla cremosa y homogénea.
5. Sirve caliente con totopos o pan para mojar.

www.ingramcontent.com/pod-product-compliance
Lightning Source LLC
LaVergne TN
LVHW081328060526
838201LV00055B/2524